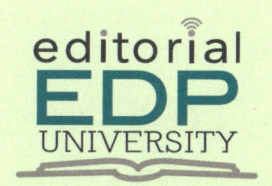

editorial
EDP
UNIVERSITY

ISBN: 978-1-942352-91-4

Primera Edición, 2018

©Editorial EDP University, 2018
©Yolanda Arroyo Pizarro, 2018

Portada e ilustraciones: Brittany Gordon Pabón

Edición y corrección: Edgardo Machuca Torres
Diagramación: Linnette Cubano García

2015-2024 DECENIO INTERNACIONAL DE LOS AFRODESCENDIENTES
RECONOCIMIENTO, JUSTICIA Y DESARROLLO

Este proyecto forma parte de los trabajos de la Cátedra de Mujeres Negras Ancestrales que dirige Yolanda Arroyo Pizarro como iniciativa para celebrar el Decenio Internacional de los Afrodescendientes convocado por la UNESCO (2015-2024)

EDP University of Puerto Rico, Inc.
Ave. Ponce de León 560
Hato Rey, P.R.
PO Box 192303
San Juan, P.R. 00919-2303

www.edpuniversity.edu

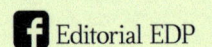

Editorial EDP

Pelo bueno

Yolanda Arroyo Pizarro

Ilustraciones por Brittany Gordón Pabón

*A Manolo Febres, Gloriann Antonetty,
Carmen Montañez y a mi abuela Toní*

Me gusta cuando la abuela Petronila peina mis caracolitos. Así le dice ella a mi pelo rizado rizadito.

En la escuela, mis amigas le dicen a mi pelo "afro". Yo le pregunté a mi abuela Petronila si mi pelo verdaderamente era un afro.

Abuela Petronila me explicó que sí. Que mi pelo rizado rizadito es un afro. Me contó que el pelo afro yo lo heredé de mi mamá y mi papá y que mi mamá lo heredó de ella. Entonces, bajó su cabeza y me enseñó su pelo afro, rizado rizadito, bien blanquito.

Le pregunté a mi abuela Petronila por qué otros niños de la escuela le llaman a mi pelo rizado rizadito, pelo malo.

–No le hagas caso a esos niños. Tu pelo no es malo, tu pelo no es travieso, tu pelo no es desobediente. Tu pelo no se porta mal, no miente, no ofende, no humilla, no se burla. Por eso tu pelo no puede ser malo. Tu pelo no ha hecho nada malo.– me dijo ella.

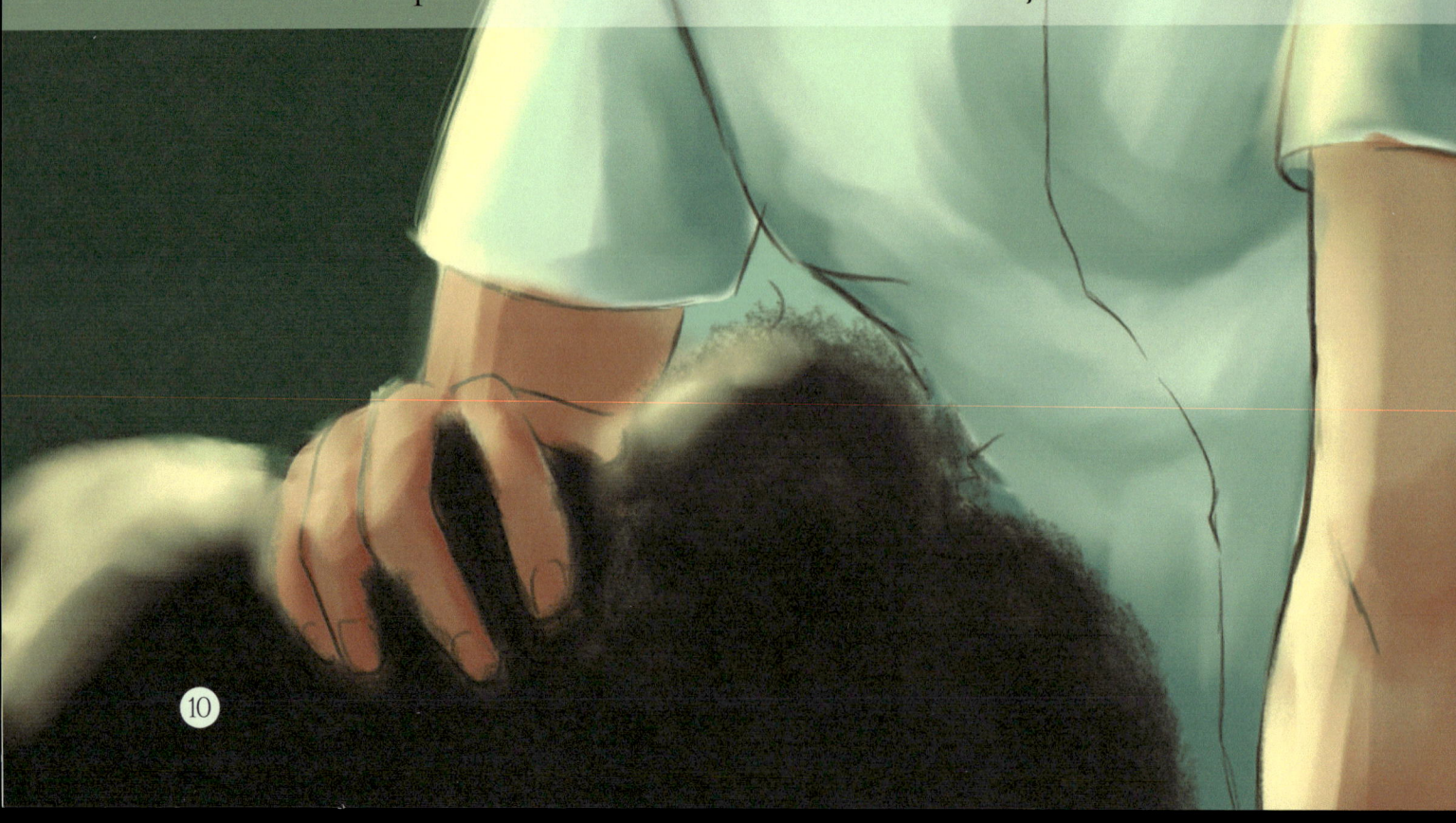

—Mira todo lo que se puede hacer con tu pelo.—dijo la abuela Petronila.— Puedo dividir y crear esta partidura y puedo hacerte estos dos moñitos.

—Ahora a este hermoso pelo rizado rizadito mira cómo puedo hacerle unas trenzas. Recuerda que las trenzas para nuestras abuelas eran muy importantes. Con las trenzas se dibujaban mapas de escape cuando nuestras ancestras eran esclavizadas.

—Mira ahora cómo a tu afro lo arreglo en forma de una Corona. Entonces, eres ahora una Reina como las reinas de nuestros antepasados africanos.

—Fíjate ahora como arreglo tu cabellera rizada rizadita para que parezca que tienes un casco de protección, como si fueras una soldada guerrera Dahomey de África.

–Mira ahora como a tu afro le puedo poner una cinta de muchos colores para que te veas taaaaaan linda.

–¿Ves cómo a tu bella cabellera le ponemos un turbante y pareces tan radiante como la negra Juana Agripina de Ponce?

—Y si me dejas enrizarte cada rizo, tu cabellera hermosa vuelven a ser caracolitos.

Yo muerta de la risa, bailo alrededor de la habitación. Soy feliz, muy feliz de que la abuela me haya peinado.

–¿Puedo peinarte tu hermoso afro blanco?– le preguntó a la abuela Petronila.

Abuela Petronila me entrega la peinilla y la peineta.

–Claro que sí.

Entonces yo le hago dos moñitos en su afro blanco.

Entonces yo le hago unas trenzas en su afro blanco.

Entonces voy y deshago las trenzas y la peino como si tuviera una corona.

Entonces voy y le pongo un turbante.

Le digo a la abuela que voy a hacerle unos caracolitos parecidos a los míos. Risueñas nos miramos al espejo.

La abuela Petronila y yo, mostrando los caracolitos, nos vamos felices a jugar al patio, a bailar y a celebrar nuestro pelo bueno, tan y tan y tan y tan y tan bueno.

Yolanda Arroyo Pizarro es la escritora puertorriqueña que más adora la novela *El Principito*. Tiene una colección de 220 ejemplares en varios tamaños e idiomas como japonés, griego, turco, italiano, nahualt y braille. Sus historias están habitadas por los astros, los planetas y asteroides, como un claro homenaje a este texto que tanto significado tiene para ella. La autora es madre de una preciosa hija de nombre Aurora, en quien se ha inspirado para escribir poemas, cuentos cortos y novelas. El blog virtual de la autora en internet se titula *Boreales*, y ha sido provocado por las hermosas luces boreales y australes que se pueden ver desde el Polo Norte y el Polo Sur, también en claro homenaje a su unigénita.

Sus escritos promueven maravillosas lecciones que denuncian la justicia social y la igualdad entre todos los seres humanos. También visibilizan apasionados enfoques sobre la discusión de la afroidentidad y la derogación del racismo. Es Directora del Departamento de Estudios Afropuertorriqueños, proyecto performático de Escritura Creativa que responde a la convocatoria promulgada por la UNESCO de celebrar el Decenio Internacional de los Afrodescendientes. Dirige la Cátedra de Mujeres Negras Ancestrales con sede en EDP University en San Juan, Puerto Rico y ha sido invitada por la ONU al Programa "Remembering Slavery" para hablar de mujeres, esclavitud y creatividad en 2015, y presentar el Proyecto de la Cátedra en Harvard University en 2017.

Esta activista a la que le encanta escribir sobre las lanchas de su pueblo natal, Cataño, ha ganado los siguientes galardones: Premio Nacional del Instituto de Literatura Puertorriqueña en 2008, Premio Nacional de Cuento PEN Club de Puerto Rico en 2013, y Premio del Instituto de Cultura Puertorriqueña en 2012 y 2015. Fue elegida como una de las escritoras más importantes de América Latina en 2007 durante la iniciativa Bogotá 39 y ha sido elegida Escritora del Año en Puerto Rico en 2016.

Ha publicado los libros infantiles y juveniles: *Thiago y la aventura del huracán.* (Editorial EDP University, 2018) *Las Reyas Magas* (Editorial EDP University, 2017) *Negrita linda como yo: versos dedicados a la vida de la Maestra Celestina Cordero* (Cátedra de Mujeres Ancestrales, 2017) *Oscarita: la niña que quiere ser como Oscar López Rivera* (Cátedra de Mujeres Ancestrales, 2016) *María Calabó* (Cátedra de Mujeres Ancestrales, 2016) *Las caras lindas* (Editorial EDP University, 2016) *Capitán Cataño y las trenzas mágicas* (Editorial EDP University, 2015) *Thiago y la aventura de los túneles de San Germán* (Editorial EDP University, 2015) *Mis dos mamás me miman* (Editorial Boreales, 2011) *La linda señora tortuga* (Ediciones Santillana, 2017). A Yolanda le fascina leer, escribir, bailar y cantar desafinadamente. Durante su adolescencia dibujaba y pintaba, y le encantaría volver a conectarse con ese arte. Es fanática de la Torre Eiffel, los juegos de dominó y el chocolate oscuro.

Made in the USA
Columbia, SC
12 April 2024